Hansel and Gretel

Ilustrações © Beto Zoellner

© Editora do Brasil S.A., 2024
Todos os direitos reservados

Direção-geral	Paulo Serino de Souza
Direção editorial	Felipe Ramos Poletti
Gerência editorial de produção e design	Ulisses Pires
Supervisão editorial	Carla Felix Lopes e Diego da Mata
Edição	Camile Mendrot | Ab Aeterno
Assistência editorial	Marcos Vasconcelos e Pedro Andrade Bezerra; Enrico Payão | Ab Aeterno
Auxílio editorial	Natalia Soeda
Supervisão de arte	Abdonildo José de Lima Santos
Edição de arte e diagramação	Ana Clara Suzano | Ab Aeterno
Design gráfico	Ariane Adriele O. Costa
Supervisão de revisão	Elaine Cristina da Silva
Revisão	Natasha Greenhouse e Sarah Garnett | Ab Aeterno

1ª edição / 1ª impressão, 2024
Impresso na Hawaii Gráfica e Editora

Avenida das Nações Unidas, 12901
Torre Oeste, 20º andar
São Paulo, SP – CEP: 04578-910
www.editoradobrasil.com.br

Hansel and Gretel

TRADUÇÃO E ADAPTAÇÃO:
MARIA CAROLINA RODRIGUES
ILUSTRAÇÕES: BETO ZOELLNER

In a house in the woods, a father lives with his two small children.

The boy's name is Hansel and the girl's name is Gretel.

The father works in the forest.

Hansel and Gretel go with him and play.

Soon, it is dark, and Hansel and Gretel get lost in the forest.

Hansel and Gretel find a strange house made of trees, fruits, and candy.

They are hungry, so they eat some fruits and candy.

An old woman comes and says:
"Come inside! I can cook dinner!"

Hansel says:
"No, you are a stranger!"
His father says not to trust strangers.

The old woman tries to force them inside the house!
So Hansel and Gretel run.

They run and run until they find their father.
Hansel and Gretel are so happy!